Impressum
Verlag: BABADADA GmbH, Nedderfeld 112 , 22529 Hamburg
Geschäftsführer / Verlagsleitung: Harald Hof
Druck: Books on Demand GmbH, In de Tarpen 42, 22848 Norderstedt

Imprint
Publisher: BABADADA GmbH, Nedderfeld 112 , 22529 Hamburg, Germany
Managing Director / Publishing direction: Harald Hof
Print: Books on Demand GmbH, In de Tarpen 42, 22848 Norderstedt

Schuel
koulu

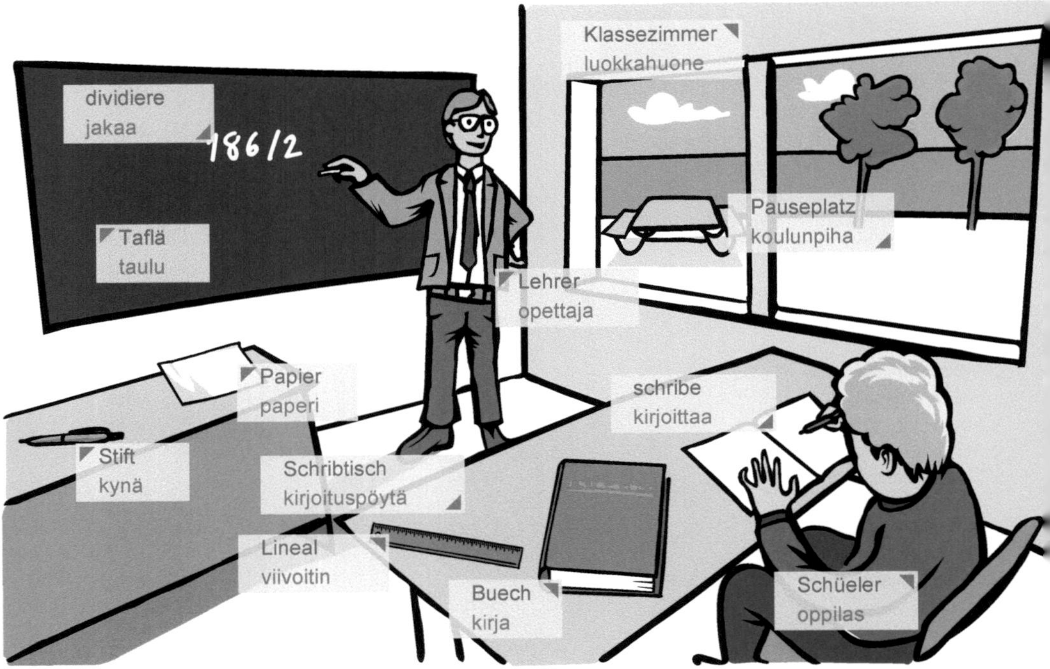
Klassezimmer
luokkahuone
dividiere
jakaa
186/2
Taflä
taulu
Pauseplatz
koulunpiha
Lehrer
opettaja
Papier
paperi
schribe
kirjoittaa
Stift
kynä
Schribtisch
kirjoituspöytä
Lineal
viivoitin
Buech
kirja
Schüeler
oppilas

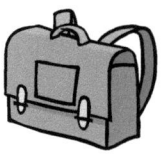

Thek

reppu

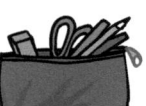

Etui

penaali

Bleistift

lyijykynä

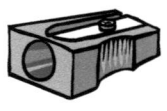

Spitzer

kynänteroitin

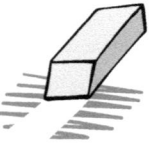

Radiergummi

pyyhekumi

Zeicheblock

piirustuslehtiö

Zeichnig

piirustus

Pinsel

pensseli

Malchaschte

vesivärit

Schär

sakset

Liim

liima

Üebigsheft

harjoituskirja

Huusufgabe

kotitehtävä

Zahl

luku

addiere

lisätä

subtrahiere

vähentää

multipliziere

kertoa

rächne

laskea

Buechstabe

kirjain

Alphabet

aakkoset

Wort

sana

Text

teksti

läse

lukea

Kriide

liitu

Lektion

oppitunti

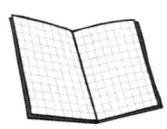

Klassäbuech

opettajan muistikirja

Prüefig

koe

Zügnis

todistus

Schueluniform

koulupuku

Usbildig

koulutus

Enzyklopädie

sanakirja

Universität

yliopisto

Mikroskop

mikroskooppi

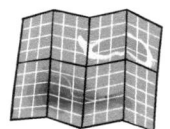

Charte

kartta

Papierchorb

roskakori

Reis
matka

Hotel
hotelli
Grand
Härbärg
retkeilymaja
ROOMS
Wächselstube
rahanvaihto
Koffer
matkalaukku
Auto
auto

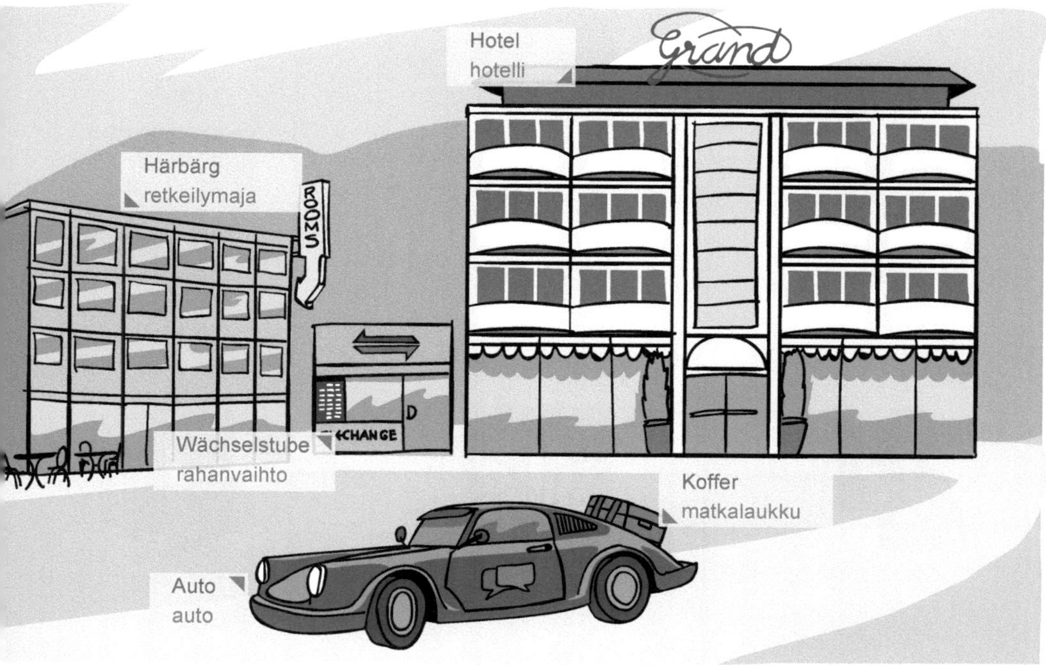

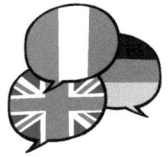

Sprach

kieli

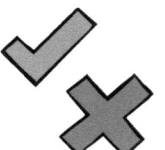

jo / nei

kyllä / ei

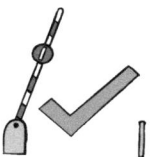

okay

selvä

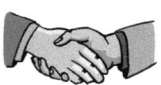

Hallo

hei

Dolmetscher

tulkki

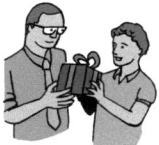

Dankä

kiitos

Was chostet...?

Paljonko...maksaa?

Ich vrstahs nöd

en ymmärrä

Problem

ongelma

Guete Abig!

Hyvää iltaa!

guete Morgä!

Hyvää huomenta!

guete Abig!

Hyvää yötä!

Uf Wiederseh

näkemiin

Richtig

suunta

Bagaasch

matkatavarat

Täsche

laukku

Rucksack

reppu

Gast

vieras

Ruum

huone

Schlafsack

makuupussi

Zält

teltta

Touristeninformation	Strand	Kreditkarte
turisti-info	ranta	luottokortti

Zmorge	Zmittag	Znacht
aamupala	lounas	päivällinen

Billet	Ufzug	Briefmarke
matkalippu	hissi	postimerkki

Gränze	Zoll	Botschaft
raja	tulli	suurlähetystö

Visum	Pass	
viisumi	passi	

Transport
kuljetus

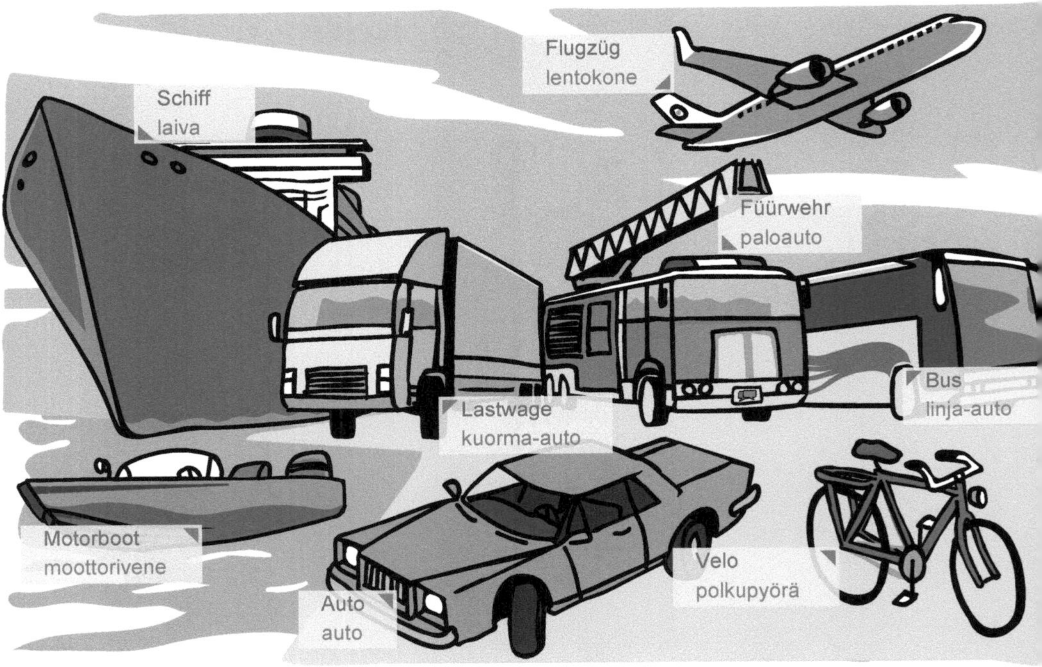

Flugzüg
lentokone
Schiff
laiva
Füürwehr
paloauto
Bus
linja-auto
Lastwage
kuorma-auto
Motorboot
moottorivene
Velo
polkupyörä
Auto
auto

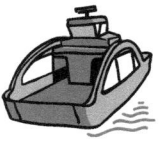

Fähri

lautta

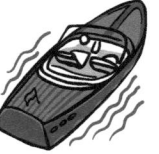

Boot

vene

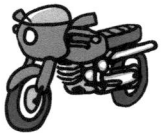

Töff

moottoripyörä

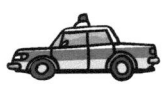

Polizeiauto

poliisiauto

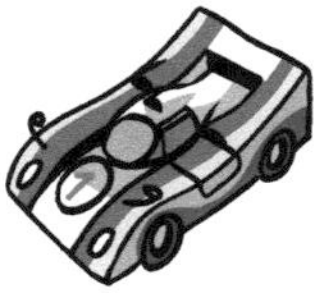

Rännauto

kilpa-auto

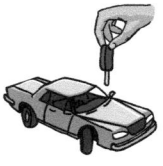

Mietwage

vuokra-auto

Carsharing

car sharing

Abschleppwage

hinausauto

Chübelwage

roska-auto

Motor

moottori

Benzin

polttoaine

Tankstell

huoltoasema

Verkehrsschild

liikennemerkki

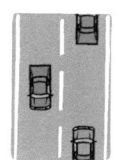

Verchehr

liikenne

Stau

ruuhka

Parkplatz

parkkipaikka

Bahnhof

rautatieasema

Schiene

raiteet

Zug

juna

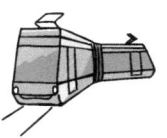

Strassebahn

raitiovaunu

Wagon

vaunu

Helikopter

helikopteri

Flughafe

lentokenttä

Tower

lähilennonjohto

Passagier

matkustaja

Container

kontti

Karton

pahvilaatikko

Chare

kärryt

Korb

kori

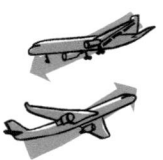

starte / lande

nousta / laskea

Stadt
kaupunki

Dorf

kylä

Stadtzentrum

keskusta

Huus

talo

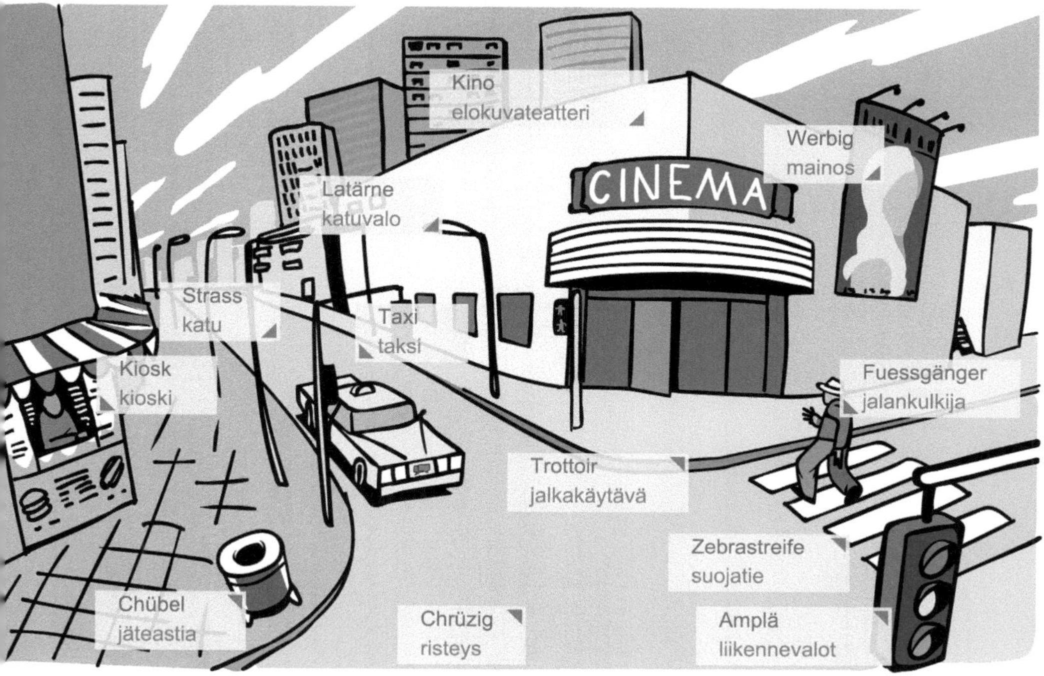

Kino
elokuvateatteri

Werbig
mainos

Latärne
katuvalo

CINEMA

Strass
katu

Taxi
taksi

Kiosk
kioski

Fuessgänger
jalankulkija

Trottoir
jalkakäytävä

Zebrastreife
suojatie

Chübel
jäteastia

Chrüzig
risteys

Amplä
liikennevalot

Hütte

mökki

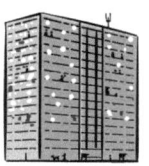

Wohnig

kerrostalo

Bahnhof

rautatieasema

Gmeindshuus

kaupungintalo

Museum

museo

Schuel

koulu

Universität

yliopisto

Bank

pankki

Spital

sairaala

Hotel

hotelli

Apotheke

apteekki

Büro

toimisto

Buechgschäft

kirjakauppa

Gschäft

liike

Bluemelade

kukkakauppa

Läbensmittellade

supermarketti

Märt

tori

Chaufhuus

tavaratalo

Fischhändler

kalakauppias

Iihkaufszentrum

ostoskeskus

Hafe

satama

Park

puisto

Bank

penkki

Brugg

silta

Stäge

portaat

U-Bahn

metro

Tunnell

tunneli

Bushaltestell

linja-autopysäkki

Bar

baari

Restaurant

ravintola

Briefchastä

postilaatikko

Strasseschild

katukyltti

Parkuhr

parkkimittari

Zolli

eläintarha

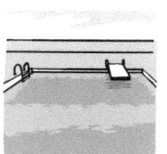

Badi

uimala

Moschee

moskeija

Buurehof
....
maatila

Umwältvrschmutzig
....
ympäristön saastuminen

Fridhof
....
hautausmaa

Chile
....
kirkko

Spielplatz
....
leikkikenttä

Tämpel
....
temppeli

Landschaft
maisema

Blatt
lehti

Wägwiiser
tienviitta

Wäg
tie

Wise
niitty

Stei
kivi

Baum
puu

Wanderer
retkeilijä

Fluss
joki

Gras
ruoho

Bluamä
kukka

Tal
laakso

Bärg
vuori

See
järvi

Wald
metsä

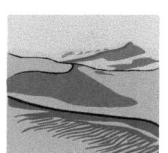

Wüeschti
aavikko

Vulkan
tulivuori

Schloss
linna

Rägeboge
sateenkaari

Pilz
sieni

Palme
palmu

Moskito
hyttynen

Fliege
kärpänen

Ameise
muurahainen

Biendli
mehiläinen

Spinne
hämähäkki

Chäfer

kovakuoriainen

Frosch

sammakko

Eichhörnli

orava

Igel

siili

Haas

jänis

Üle

pöllö

Vogu

lintu

Schwan

joutsen

Wildschwein

villisika

Hirsch

peura

Elch

hirvi

Damm

pato

Windturbine

tuulimylly

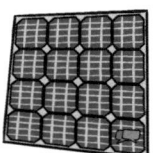

Sunnekollektor

aurinkopaneeli

Klima

ilmasto

Restaurant
ravintola

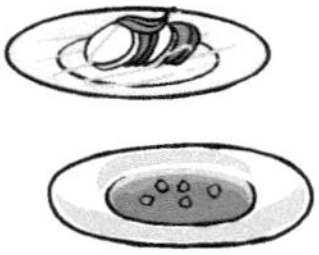

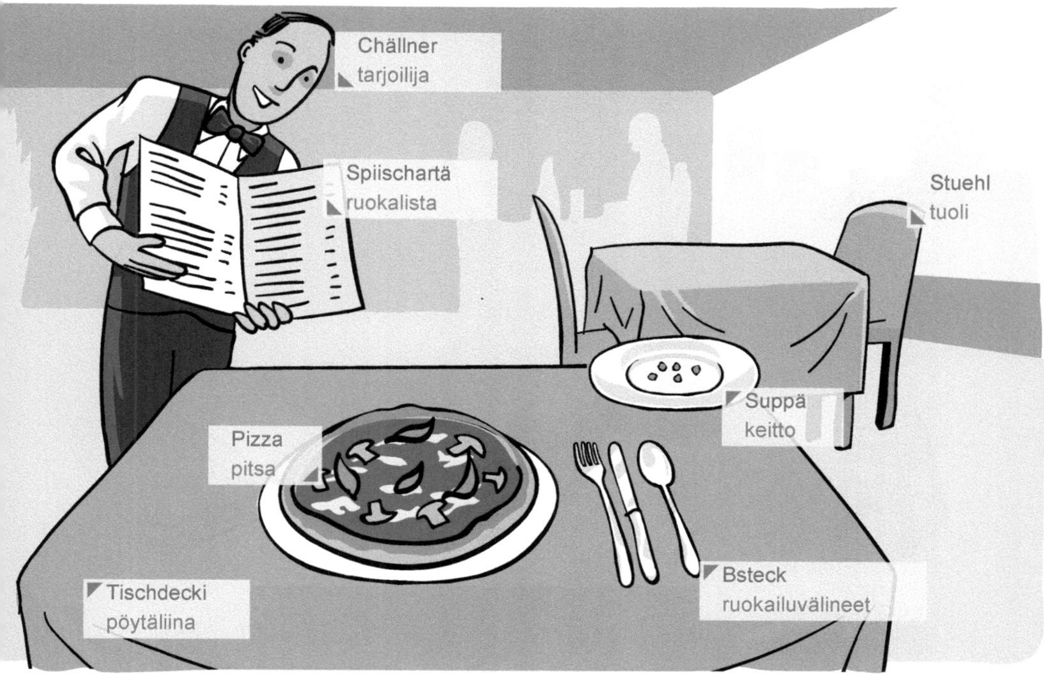
Chällner
tarjoilija
Spiischartä
ruokalista
Stuehl
tuoli
Suppä
keitto
Pizza
pitsa
Tischdecki
pöytäliina
Bsteck
ruokailuvälineet

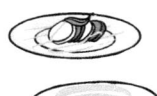

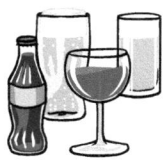

Vorspiies

alkuruoka

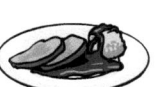

Hauptgricht

pääruoka

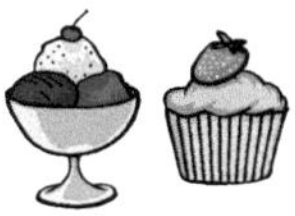

Dessert

jälkiruoka

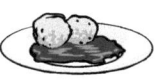

Getränk

juomat

Läbensmittel

ruoka

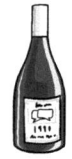

Fläsche

pullo

Fast Food

pikaruoka

Street Food

katuruoka

Teechanne

teekannu

Zuckerdosä

sokeriastia

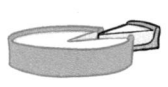

Portion

annos

Espressomaschine

espressokeitin

Hochstuehl

syöttötuoli

Rächnig

lasku

Tablett

tarjotin

Mässer

veitsi

Gable

haarukka

Löffel

lusikka

Teelöffel

teelusikka

Serviette

servietti

Glas

lasi

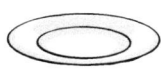

Täller
lautanen

Suppetällär
syvä lautanen

Untertasse
aluslautanen

Sose
kastike

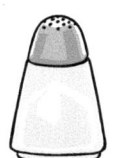

Salzstreuer
suolasirotin

Pfäffermühli
pippurimylly

Essig
etikka

Öl
öljy

Gwürz
mausteet

Ketchup
ketsuppi

Sänf
sinappi

Mayonnaise
majoneesi

Läbensmittellade

supermarketti

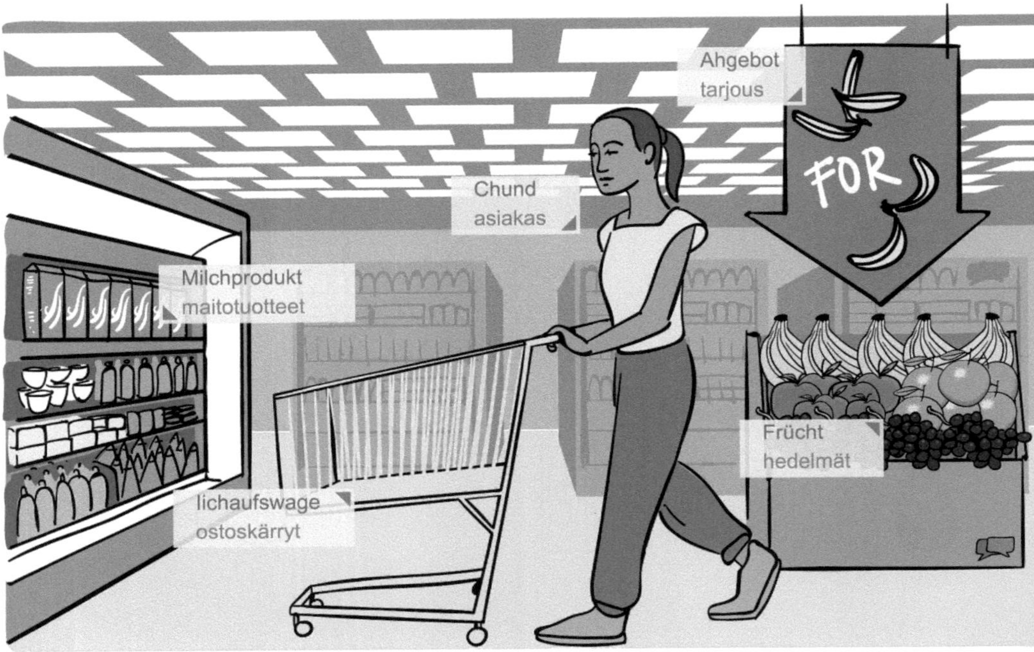

Ahgebot
tarjous
FOR
Chund
asiakas
Milchprodukt
maitotuotteet
Frücht
hedelmät
Iichaufswage
ostoskärryt

BUTCHERS

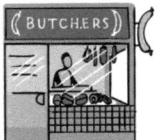

Schlachter

teurastamo

BAKERY

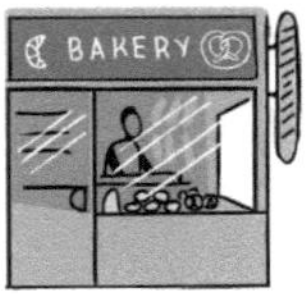

Beck

leipomo

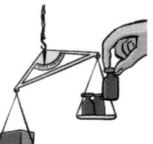

wiege

punnita

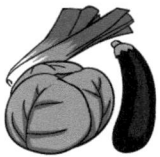

Gmües

kasvikset

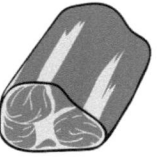

Fleisch

liha

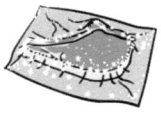

Tiefkühlprodukt

pakasteet

Ufschnitt

leikkele

die Konsärve

säilykkeet

Wöschmittel

pesujauhe

Süessigkeite

makeiset

Huushaltartikel

kotitaloustarvikkeet

Putzmittel

puhdistusaineet

Verchäuferin

myyjä

Kassä

kassa

Kassierer

kassanhoitaja

Ihchaufsliste

ostoslista

Öffnigszite

aukioloajat

das Portemonnaie

lompakko

Kreditkarte

luottokortti

Täsche

kassi

Plastiksack

muovipussi

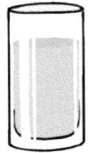

Wasser
vesi

Saft
mehu

Milch
maito

Cola
kokis

Wii
viini

Bier
olut

Alkohol
alkoholi

Ovi
kaakao

Tee
tee

Kafi
kahvi

Espresso
espresso

Cappuccino
cappuccino

Banane

banaani

Öpfel

omena

Orange

appelsiini

Melone

meloni

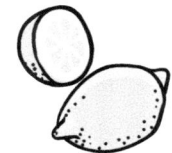

Zitrone

sitruuna

Rüebli

porkkana

Chnoobli

valkosipuli

Bambus

bambu

Zwiblä

sipuli

Pilz

sieni

Nüss

pähkinät

Nudle

spagetti

Spaghetti

spagetti

Riis

riisi

Salat

salaatti

Pommfrit

ranskalaiset

Bratherdöpfel

paistetut perunat

Pizza

pitsa

Hamburgär

hampurilainen

Sandwich

voileipä

Gotlett

leike

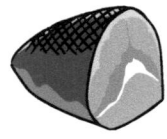

Schinkä

kinkku

Salami

salami

Würschtli

makkara

Huehn

kana

Bratä

paisti

Fisch

kala

Haferflocke
kaurahiutaleet

Müesli
mysli

Cornflakes
murot

Mähl
jauho

Gipfeli
voisarvi

Brötli
sämpylä

Brot
leipä

Toscht
paahtoleipä

Guetzli
keksit

Butter
voi

Quark
rahka

Chueche
kakku

Ei
kananmuna

Spiegelei
paistettu kananmuna

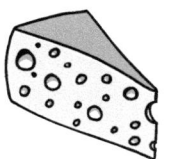

Chäs
juusto

Glace

jäätelö

Zucker

sokeri

Honig

hunaja

Gonfi

hillo

Nougat-Creme

suklaapähkinälevite

Curry

curry

Buurehof
maatila

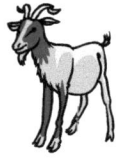

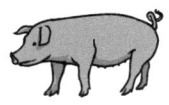

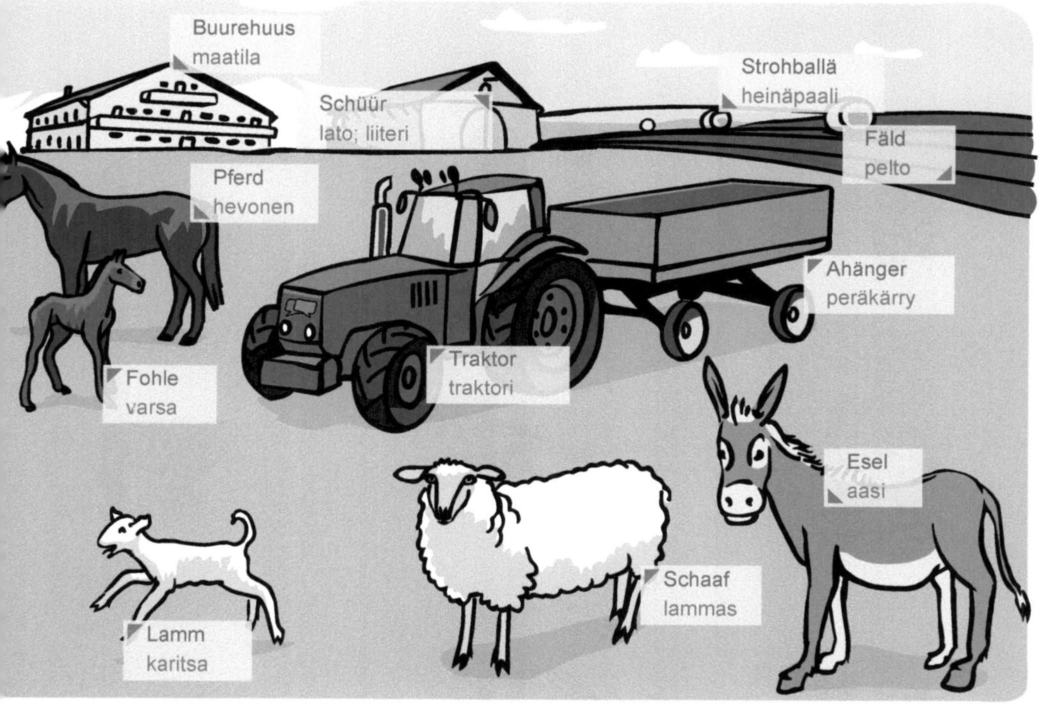

Buurehuus
maatila
Schüür
lato; liiteri
Strohballä
heinäpaali
Fäld
pelto
Pferd
hevonen
Ahänger
peräkärry
Traktor
traktori
Fohle
varsa
Esel
aasi
Schaaf
lammas
Lamm
karitsa

Geiss

vuohi

Chueh

lehmä

Chalb

vasikka

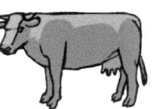

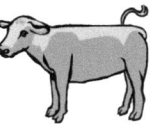

Sau

sika

Ferkel

porsas

Rind

sonni

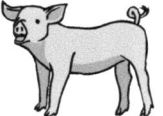

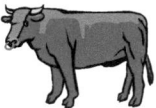

Gans

hanhi

Änte

ankka

Küke

tipu

Huähn

kana

Güggel

kukko

Ratte

rotta

Chatz

kissa

Muus

hiiri

Ochse

härkä

Hund

koira

Hundehütte

koirankoppi

Garteschluuch

puutarhaletku

Giesschanne

kastelukannu

Sägese

viikate

Pflueg

aura

Sichel

sirppi

Hacke

kuokka

Heugable

talikko

Axt

kirves

Garette

kottikärryt

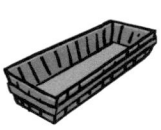

Trog

kaukalo

Milchchanne

maitokannu

Sack

säkki

Haag

aita

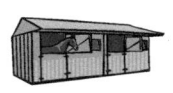

Gadä

talli

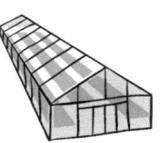

Gwächshuus

kasvihuone

Bode

maa

Soome

siemen

Dünger

lannoite

Mähdrescher

leikkuupuimuri

ärnte

kerätä sato

Ärnte

sato

Yamswurzle

jamssit

Weize

vehnä

Soja

soija

Härdöpfel

peruna

Mais

maissi

Raps

rypsi

Obstbaum

hedelmäpuu

Maniok

maniokki

Getreide

vilja

Huus
talo

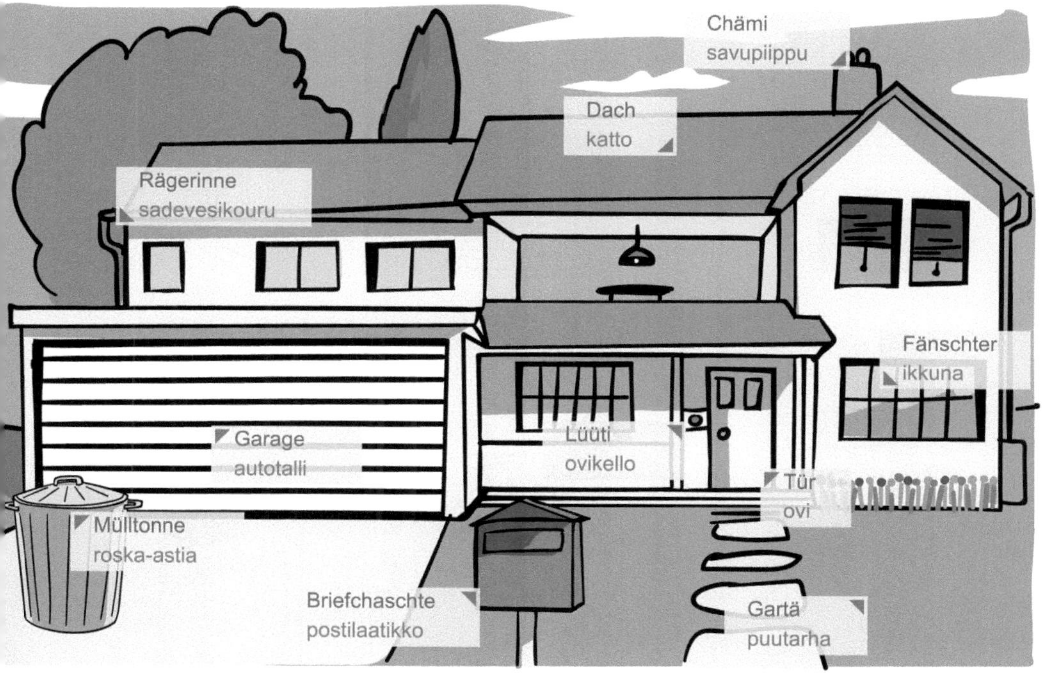

Chämi
savupiippu
Dach
katto
Rägerinne
sadevesikouru
Fänschter
ikkuna
Garage
autotalli
Lüüti
ovikello
Tür
ovi
Mülltonne
roska-astia
Briefchaschte
postilaatikko
Gartä
puutarha

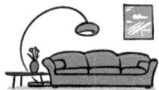

Stubä
olohuone

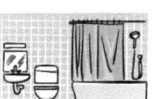

Badzimmer
kylpyhuone

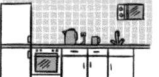

Chuchi
keittiö

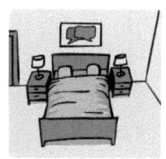

Schlofzimmer
makuuhuone

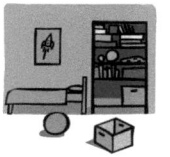

Chinderzimmer
lastenhuone

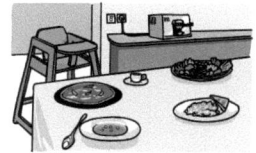

Ässzimmer
ruokahuone

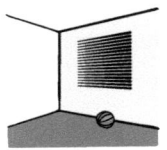

Bodä
....
lattia

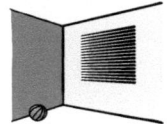

Wand
....
seinä

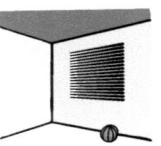

Decki
....
katto

Chäller
....
kellari

Sauna
....
sauna

Balkon
....
parveke

Terasse
....
terassi

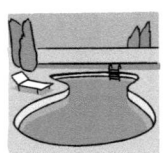

Pool
....
uima-allas

Rasemäier
....
ruohonleikkuri

Bettbezug
....
lakana

Bettdecki
....
päiväpeitto

Bett
....
sänky

Bäse
....
harja

Chübel
....
ämpäri

Schalter
....
katkaisin

Stubä
olohuone

Tapete
tapetti
Bild
kuva
Lampä
lamppu
Regal
hylly
Schrank
kaappi
Färnseh
televisio
Kamin
takka
Bluamä
kukka
Chüssi
tyyny
Sofa
sohva
Vasä
maljakko
Färnbedienig
kaukosäädin

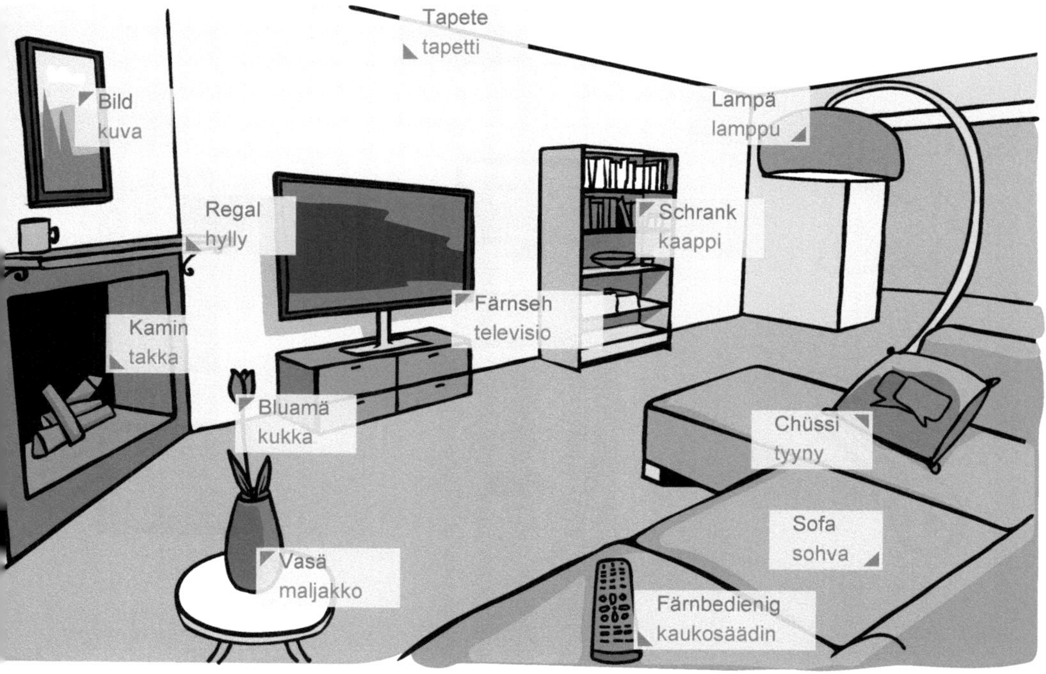

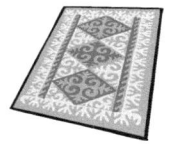

Teppich

matto

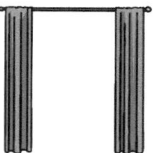

Vorhang

verho

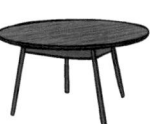

Tisch

pöytä

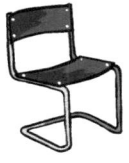

Stuehl

tuoli

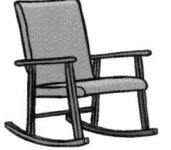

Schaukelstuehl

keinutuoli

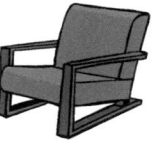

Sässel

nojatuoli

Buech

kirja

Decki

peitto

Dekoration

koriste

Füürholz

polttopuut

Film

elokuva

Stereoahlag

stereot

Schlüssel

avain

Ziitig

sanomalehti

Bild

maalaus

Poster

juliste

Radio

radio

Notizblock

muistivihko

Staubsuuger

pölynimuri

Kaktus

kaktus

Chärze

kynttilä

Chuchi
keittiö

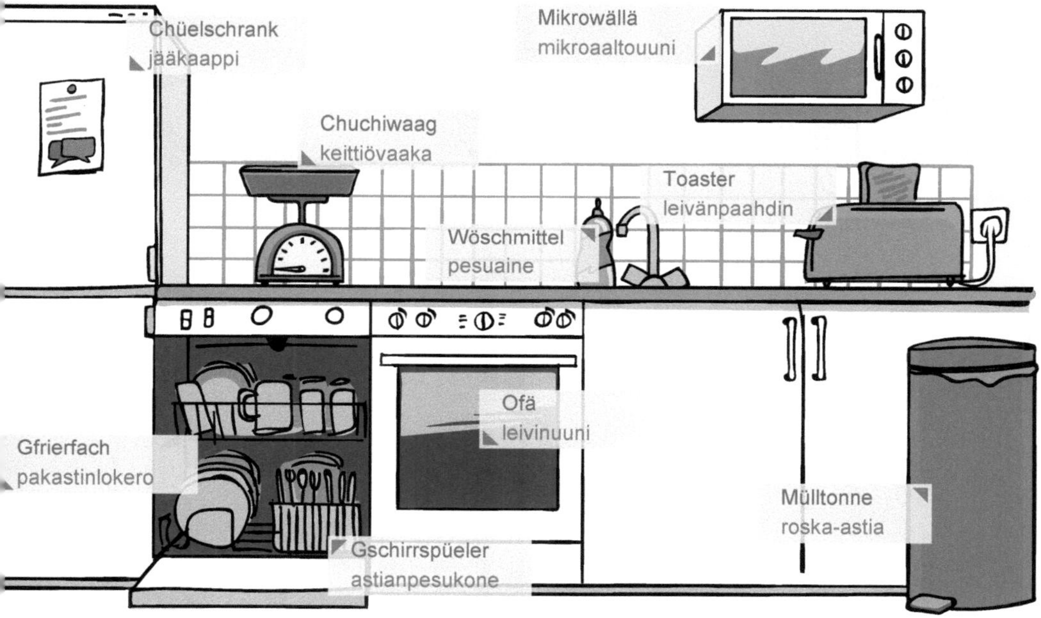

Chüelschrank
jääkaappi
Mikrowällä
mikroaaltouuni
Chuchiwaag
keittiövaaka
Toaster
leivänpaahdin
Wöschmittel
pesuaine
Ofä
leivinuuni
Gfrierfach
pakastinlokero
Mülltonne
roska-astia
Gschirrspüeler
astianpesukone

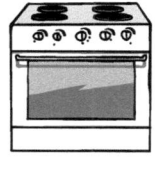

Härd
liesi

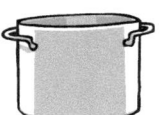

Topf
kattila

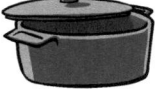

Iisetopf
rautapata

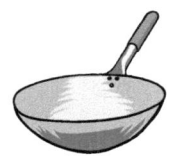

Wok / Kadai
okkipannu / kadai-pannu

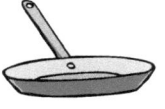

Pfanne
paistinpannu

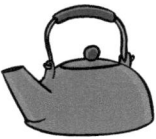

Wasserchocher
teepannu

Dampfer

höyrykeitin

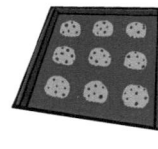

Bachbläch

uunipelti

Gschirr

astiat

Bächer

muki

Schale

kulho

Stäbli

syömäpuikot

Suppechellä

kauha

Pfannewänder

paistinlasta

Schneebäse

vispilä

Sieb

siivilä

Sieb

siivilä

Raffle

raastin

Mörser

mortteli

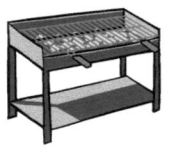

Grill

grilli

Füürstell

avotuli

Schniidbrätt

leikkuulauta

Nudelholz

kaulin

Korkäzieher

korkinavaaja

Dosä

purkki

Dosäöffner

purkinavaaja

Topflappä

pannulappu

Wöschbecki

lavuaari

Bürste

tiskiharja

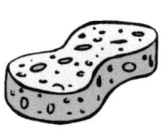

Schwumm

pesusieni

Mixer

tehosekoitin

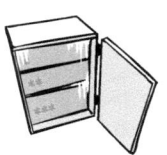

Gfrierschrank

pakastin

Babyfläschli

tuttipullo

Hahnä

vesihana

Badzimmer
kylpyhuone

Heizig
lämmitys
Duschi
suihku
Handtuech
pyyhe
Duschvorhang
suihkuverho
Schumbad
vaahtokylpy
Badwanne
kylpyamme
Glas
lasi
Wöschmaschine
pesukone
Hahnä
vesihana
Fliesä
kaakelit
Töpfli
potta
Wöschbecki
lavuaari

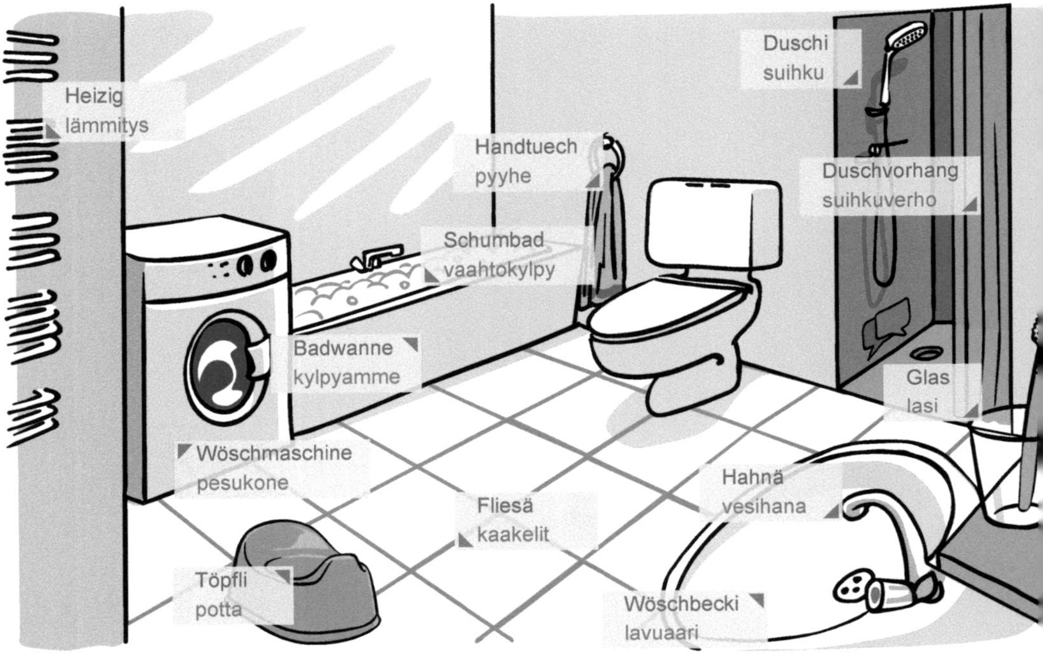

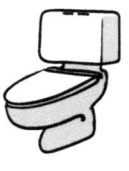

Toilette

vessa

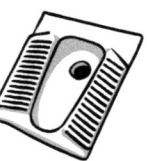

Plumpsklo

kyykkyvessa

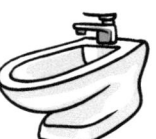

Bidet

bidee

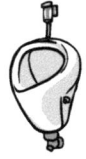

Pissoir

pisuaari

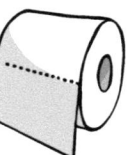

Toilettepapier

vessapaperi

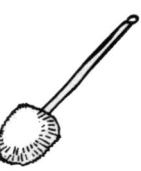

Toilettebürschteli

vessaharja

Zahbürstä

hammasharja

Zahpasta

hammastahna

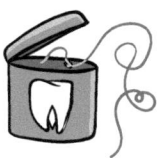

Zahnsiide

hammaslanka

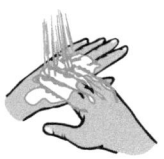

wäsche

pestä

Handduschi

käsisuihku

Intiimduschi

intiimisuihku

Wöschbecki

pesuvati

Ruggäbürste

selkäharja

Seifä

saippua

Duschgel

suihkugeeli

Shampoo

shampoo

Waschlappä

pesulappu

Abfluss

viemäri

Creme

voide

Deo

deodorantti

Spiegel

peili

Handspiegel

käsipeili

Rasierer

partaveitsi

Rasierschuum

partavaahto

Aftershave

partavesi

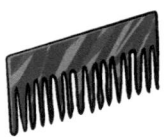

Schträäl

kampa

Bürstä

harja

Föhn

hiustenkuivaaja

Hoorspray

hiuslakka

Makeup

meikki

Lippestift

huulipuna

Nagellack

kynsilakka

Wattä

pumpuli

Nagelscher

kynsisakset

Parfum

hajuvesi

Necessaire

kosmetiikkalaukku

Schemel

jakkara

Waag

vaaka

Badmantel

kylpytakki

Gummihändscheh

kumihansikkaat

Tampon

tamponi

Damebinde

terveysside

chemischi Toilette

kemiallinen wc

Chinderzimmer
lastenhuone

Wecker
herätyskello
Kuscheltier
pehmolelu
Spielzügauto
leikkiauto
Rassle
helistin
Puppehuus
nukkekoti
Gschänk
lahja

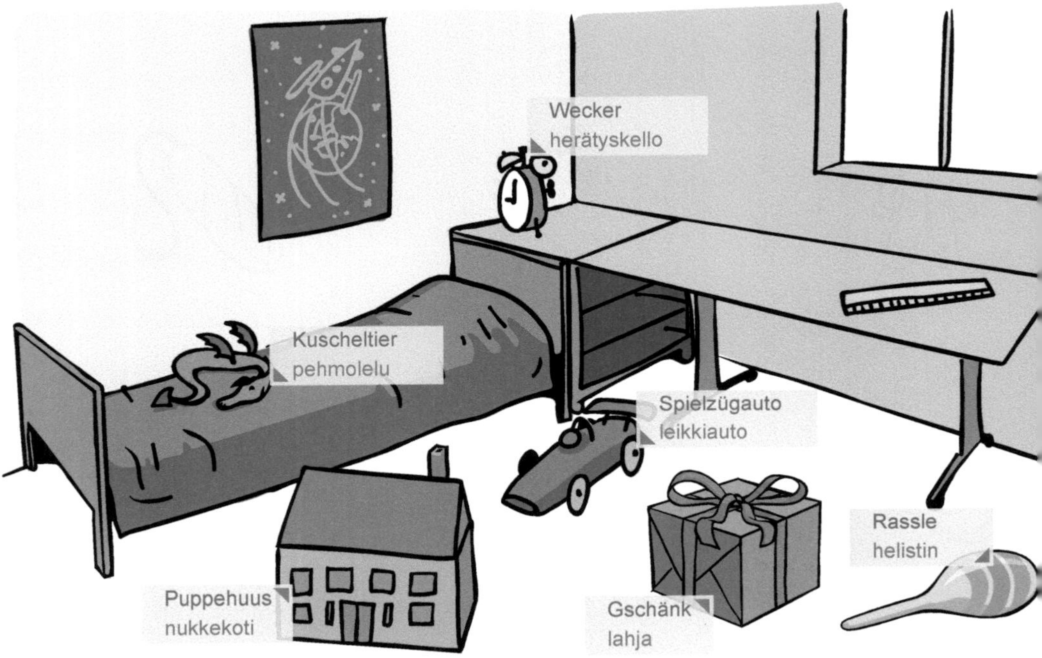

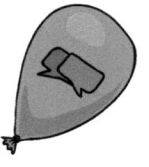

Ballon

ilmapallo

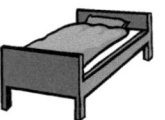

Bett

sänky

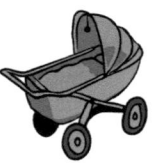

Chinderwage

lastenvaunut

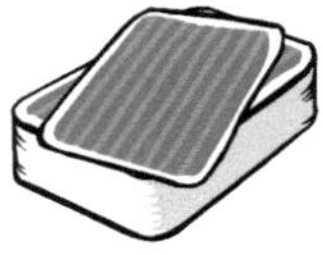

Chartespiel

korttipeli

Puzzle

palapeli

SUPER
MEGA

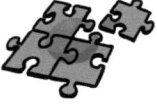

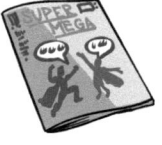

Comic

sarjakuva

Legos

legopalikat

Baustei

rakennuspalikat

Action Figur

supersankari

Strampli

potkupuku

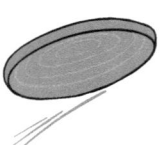

Frisbee

frisbee

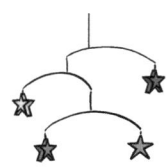

Mobile

mobile

Brättspiel

lautapeli

Würfäl

noppa

Modellisebahn

pienoisjunarata

Nuggi

tutti

Party

juhlat

Bilderbuch

kuvakirja

Ball

pallo

Puppä

nukke

spiele

leikkiä

Sandchaschte

hiekkalaatikko

Gigampfi

keinu

Spielzüg

lelut

Videospielkonsole

pelikonsoli

Dreirad

kolmipyörä

Teddy

nalle

Chleiderschrank

vaatekaappi

Chleidig

vaatteet

Sockä

sukat

Strümpf

nylonsukat

Strumpfhosä

sukkahousut

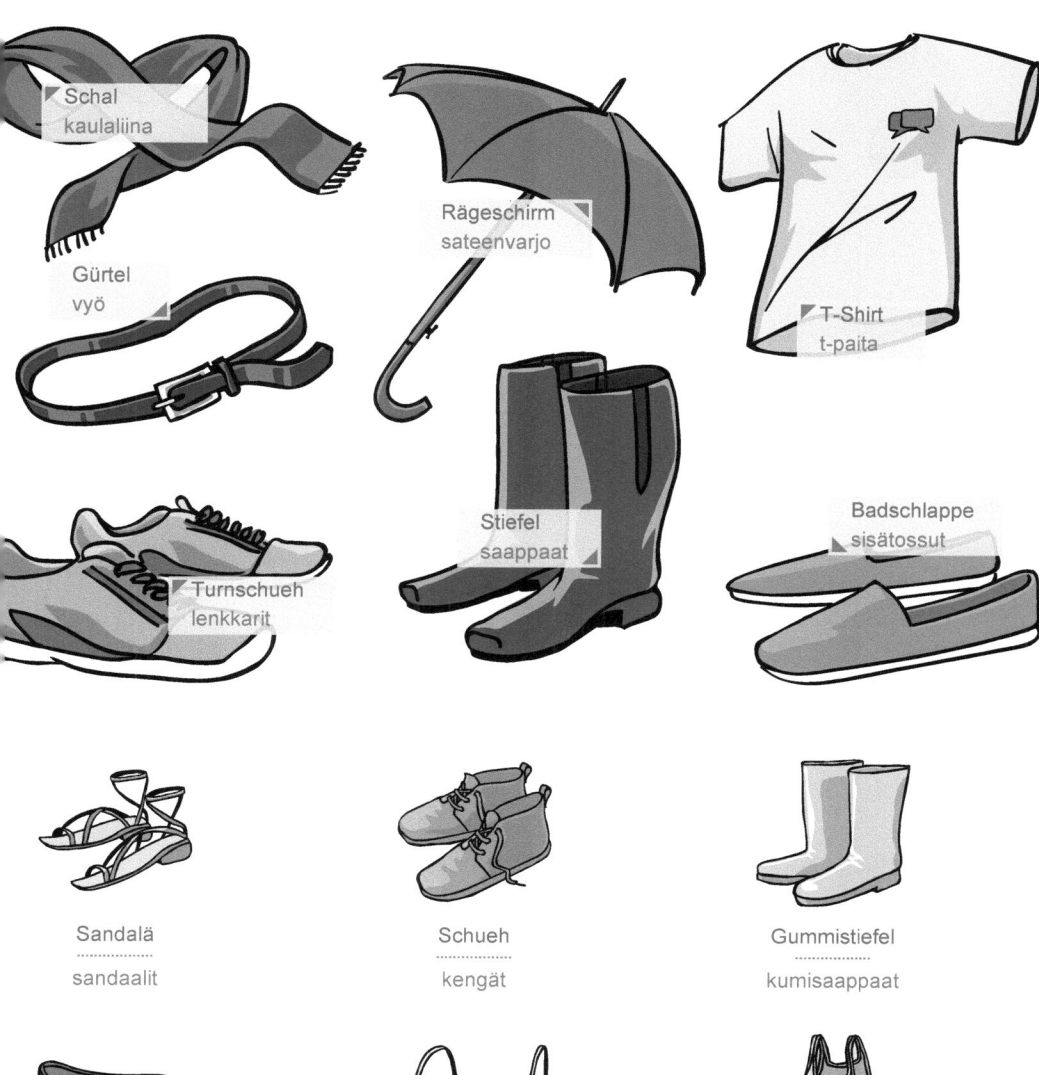

Schal
kaulaliina

Gürtel
vyö

Rägeschirm
sateenvarjo

T-Shirt
t-paita

Stiefel
saappaat

Badschlappe
sisätossut

Turnschueh
lenkkarit

Sandalä
sandaalit

Schueh
kengät

Gummistiefel
kumisaappaat

Untrhosä
alushousut

BH
rintaliivit

Underlibli
aluspaita

Chleidig - vaatteet   45

Body

body

Hosä

housut

Jeans

farkut

Rock

hame

Bluse

pusero

Hömli

paita

Pulli

villapaita

Kapuzepulli

collegepaita

Blazer

jakku

Jacke

takki

Mantel

takki

Rägämantel

sadetakki

Chostüm

puku

Chleid

mekko

Hochziitskleid

hääpuku

Ahzug

puku

Nachthömli

yöpaita

Pyjama

pyjama

Sari

shari

Chopftuäch

päähuivi

Turban

turbaani

Burka

burka

Kaftan

kaftaani

Abaya

abaya

Badchleid

uimapuku

Badhose

uimahousut

churzi Hosä

shortsit

Trainer

verkkarit

Schürze

esiliina

Händsche

käsineet

Chnopf

nappi

Brülla

silmälasit

Armband

rannekoru

Chetti

kaulakoru

Ring

sormus

Ohrering

korvakoru

Chappe

lippalakki

Chleiderbügel

ripustin

Huet

hattu

Grawattä

solmio

Riissverschluss

vetoketju

Helm

kypärä

Hosäträger

henkselit

Schueluniform

koulupuku

Uniform

univormu

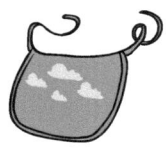

Lätzli

ruokalappu

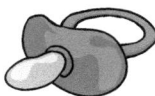

Nuggi

tutti

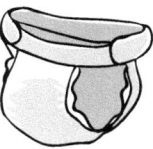

Windle

vaippa

Büro
toimisto

Server
palvelin
Akteschrank
asiakirjakaappi
Drucker
tulostin
Papier
paperi
Monitor
näyttö
Schribtisch
kirjoituspöytä
Muus
hiiri
Ordner
kansio
Taschtatur
näppäimistö
Papierchorb
roskakori
Stuehl
tuoli
Computer
tietokone

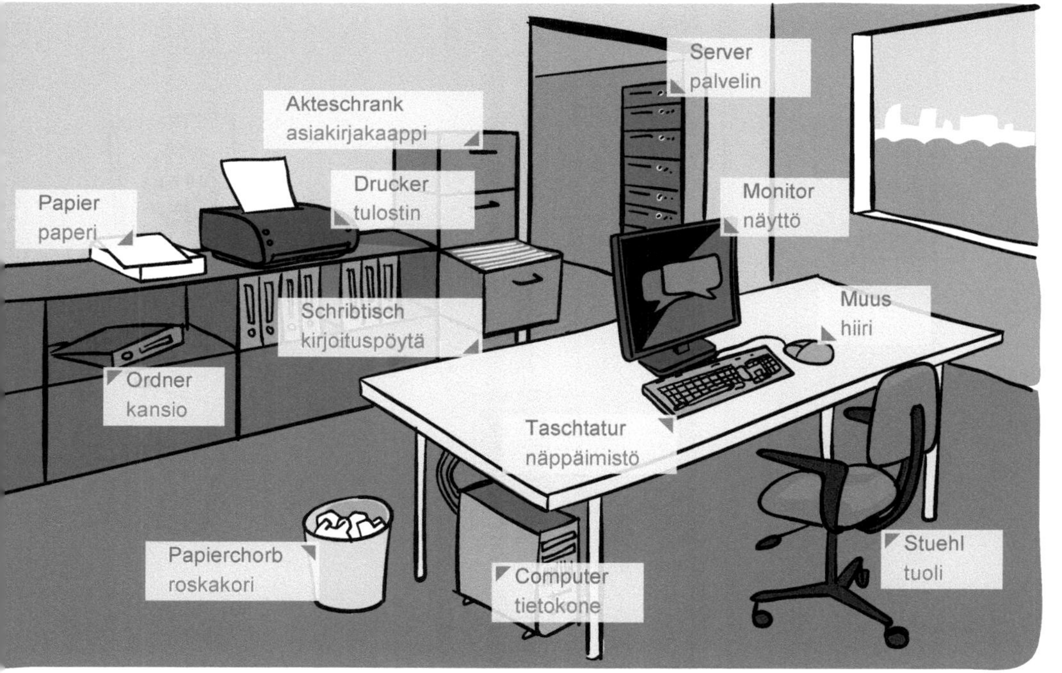

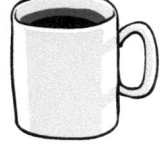

Kafibächer

kahvimuki

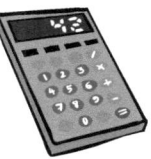

Tascherächner

taskulaskin

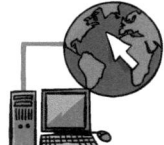

Internet

internet

Laptop

kannettava tietokone

Brief

kirje

Nochricht

viesti

Mobiltelefon

kännykkä

Netzwärk

verkko

Kopierer

kopiokone

Software

ohjelmisto

Telefon

puhelin

Steckdosä

pistorasia

Fax

faksi

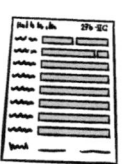

Formular

lomake

Dokumänt

asiakirja

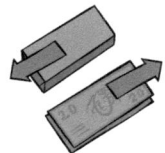

chaufe

ostaa

zahle

maksaa

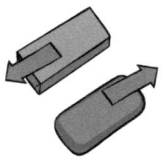

handle

vaihtaa

Gäld

raha

Dollar

dollari

Euro

euro

Yen

jeni

Rubel

rupla

Frankä

frangi

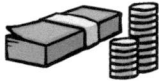

Renminbi Yuan

renminbi juan

Rupie

rupia

Gäldautomat

pankkiautomaatti

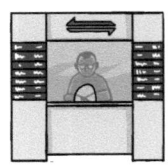

Wächselstube

rahanvaihto

Gold

kulta

Silber

hopea

Öl

öljy

Energie

energia

Priis

hinta

Vertrag

sopimus

Stüür

vero

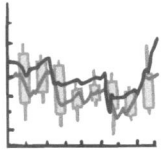

Aktie

osake

schaffe

työskennellä

Mitarbeiter

työntekijä

Arbeitgeber

työnantaja

Fabrik

tehdas

Gschäft

liike

Polizischt
poliisi

Füürwehrmaa
palomies

Choch
kokki

Arzt
lääkäri

Pilot
lentäjä

Gärtner
puutarhuri

Zimmermah
puuseppä

Näheri
ompelija

Richter
tuomari

Chemiker
kemisti

Darsteller
näyttelijä

Busfahrer

linja-autonkuljettaja

Taxifahrer

taksinkuljettaja

Fischer

kalastaja

Putzfrau

siivooja

Dachdecker

katontekijä

Chällner

tarjoilija

Jäger

metsästäjä

Moler

maalari

Bäcker

leipuri

Elektriker

sähköasentaja

Bauarbeiter

rakentaja

Ingenieur

insinööri

Schlachter

teurastaja

Klämpner

putkiasentaja

Pöschtler

postinjakaja

Soldat

sotilas

Architekt

arkkitehti

Kassierer

kassanhoitaja

Florischt

floristi

Frisör

kampaaja

Kontrolleur

konduktööri

Mechaniker

mekaanikko

Kapitän

kapteeni

Zahnarzt

hammaslääkäri

Wüsseschaftler

tiedemies

Rabbi

rabbi

Imam

imaami

Mönch

munkki

Pfarrer

pappi

Werkzüüg

työkalut

Zangä
pihdit
Hammer
vasara
Schruubedreier
ruuvimeisseli
Taschelampä
taskulamppu
Schrubeschlüssel
jakoavain

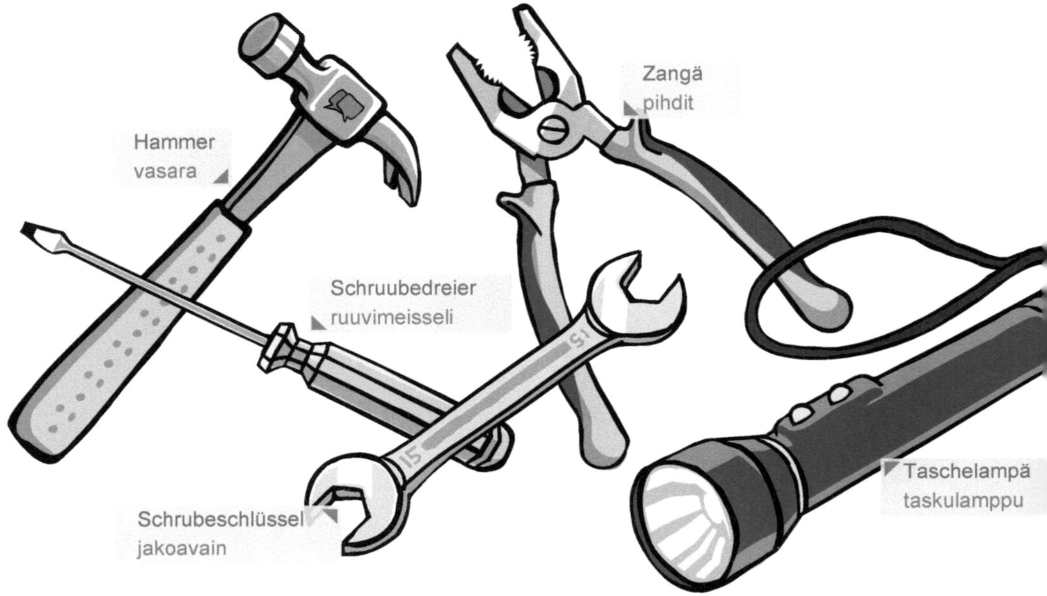

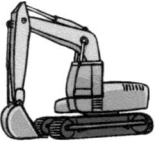

Bagger

kaivinkone

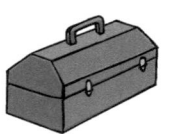

Werkzüügchaschte

työkalupakki

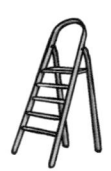

Leitere

tikkaat

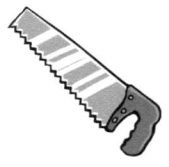

Sagi

saha

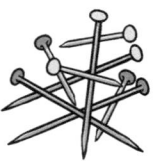

Negel

naulat

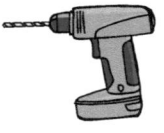

Bohrer

pora

flicke

korjata

Schufle

lapio

Mischt!

Hitto!

Ascheschufle

rikkalapio

Farbchübel

maalipurkki

Schruube

ruuvit

Musiginstrumänt
soittimet

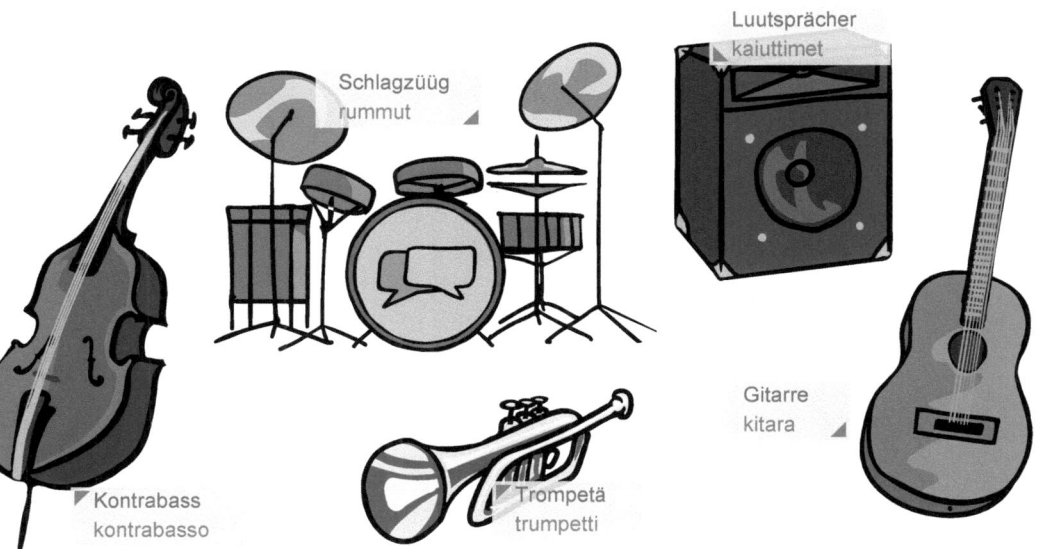

Schlagzüüg
rummut

Luutsprächer
kaiuttimet

Gitarre
kitara

Kontrabass
kontrabasso

Trompetä
trumpetti

Klavier

piano

Violine

viulu

Bass

basso

Pauke

patarummut

Trummle

rumpu

Keyboard

kosketinsoitin

Saxophon

saksofoni

Flöte

huilu

Mikrofon

mikrofoni

Zolli
eläintarha

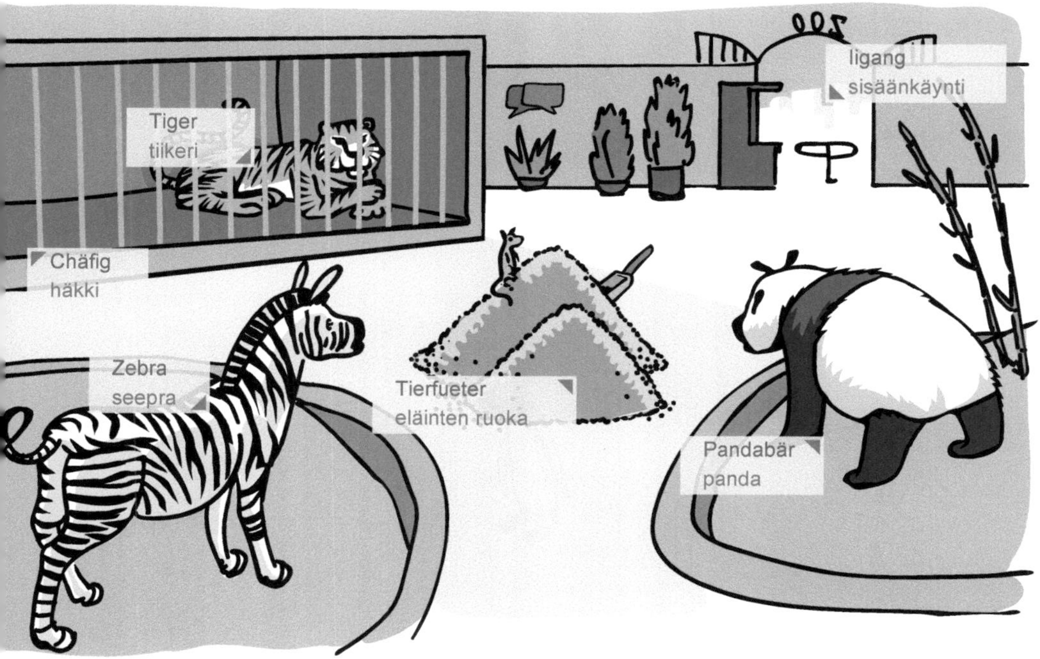
Iigang
sisäänkäynti
Tiger
tiikeri
Chäfig
häkki
Zebra
seepra
Tierfueter
eläinten ruoka
Pandabär
panda

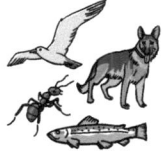

Tier

eläimet

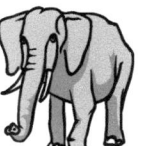

Elefant

norsu

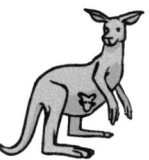

Känguru

kenguru

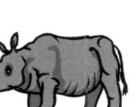

Nashorn

sarvikuono

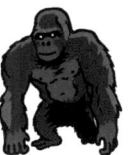

Gorilla

gorilla

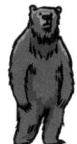

Bär

karhu

Kamel

kameli

Struss

strutsi

Leu

leijona

Aff

apina

Flamingo

flamingo

Papagei

papukaija

Iisbär

jääkarhu

Pinguin

pingviini

Hai

hai

Pfau

riikinkukko

Schlangä

käärme

Krokodil

krokotiili

Zoowärter

eläintarhanhoitaja

Robbä

hylje

Jaguar

jaguaari

Pony

poni

Leopard

leopardi

Nilpfärd

virtahepo

Giraff

kirahvi

Adler

kotka

Wildschwein

villisika

Fisch

kala

Schildkrot

kilpikonna

Walross

mursu

Fuchs

kettu

Gazelle

gaselli

American Football
amerikkalainen jalkapallo

Velofahre
pyöräily

Tennis
tennis

Basketball
koripallo

Schwümmä
uinti

Boxä
nyrkkeily

Iishockey
jääkiekko

Fuessball
jalkapallo

Badminton
sulkapallo

Liechtathletik
yleisurheilu

Handball
käsipallo

Skifahre
hiihto

Polo
poolo

Aktivitäte
aktiviteetit

lachä
nauraa
springä
hypätä
umarme
halata
gah
kävellä
singe
laulaa
troime
unelmoida
bätte
rukoilla
küssä
suudella

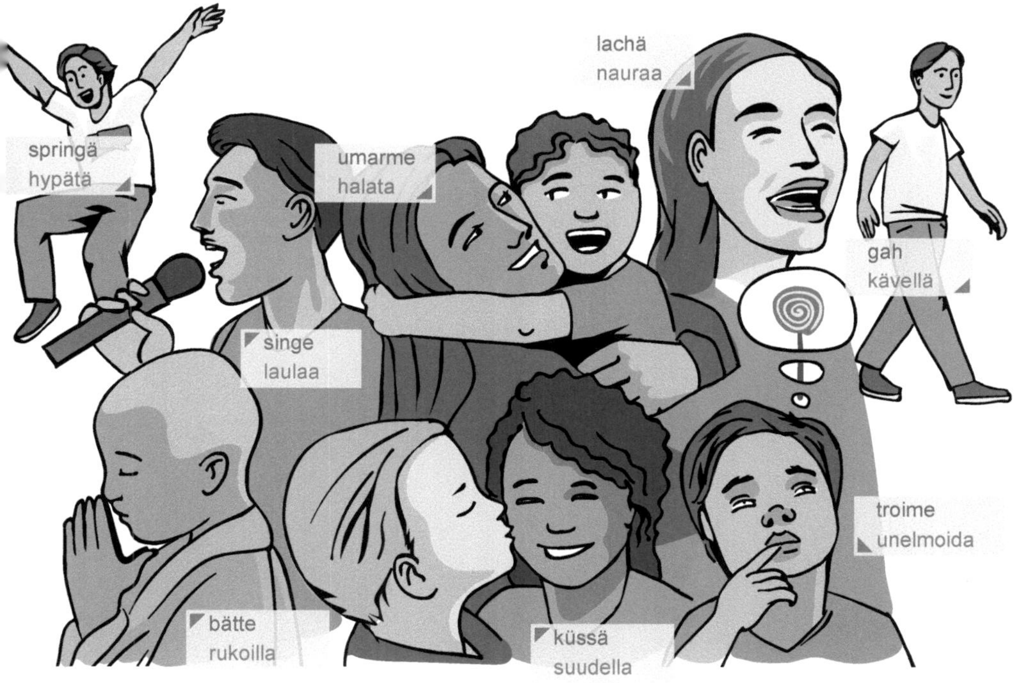

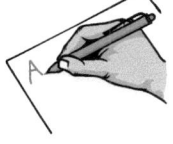

schribe

kirjoittaa

zeichne

piirtää

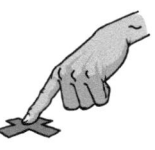

zeige

näyttää

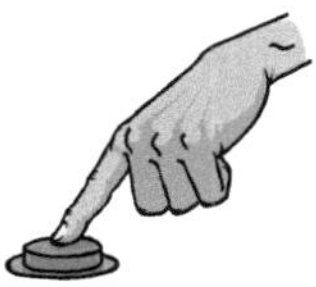

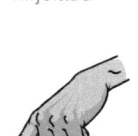

schiebe

painaa

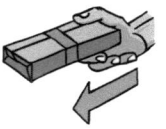

gäh

antaa

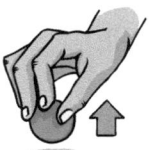

näh

ottaa

händ

omistaa

mache

tehdä

sy

olla

stah

seisoa

laufe

juosta

zieh

vetää

rüerä

heittää

fallä

kaatua

ligge

maata

warte

odottaa

träge

kantaa

sitze

istua

ahzieh

pukeutua

schlafe

nukkua

ufwache

herätä

ahluege

katsoa

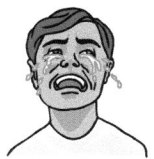

brüele

itkeä

striichle

silittää

bürste

kammata

redä

puhua

verschtah

ymmärtää

froog

kysyä

lose

kuunnella

trinke

juoda

ässe

syödä

ufruume

siivota

liebe

rakastaa

chochä

keittää

fahre

ajaa

flüge

lentää

segle
purjehtia

rächne
laskea

läse
lukea

leerä
oppia

schaffe
työskennellä

hürate
mennä naimisiin

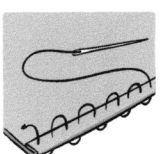

näije
ommella

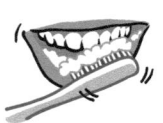

Zäh putze
pestä hampaat

töte
tappaa

schlootä
tupakoida

sände
lähettää

Familiä
perhe

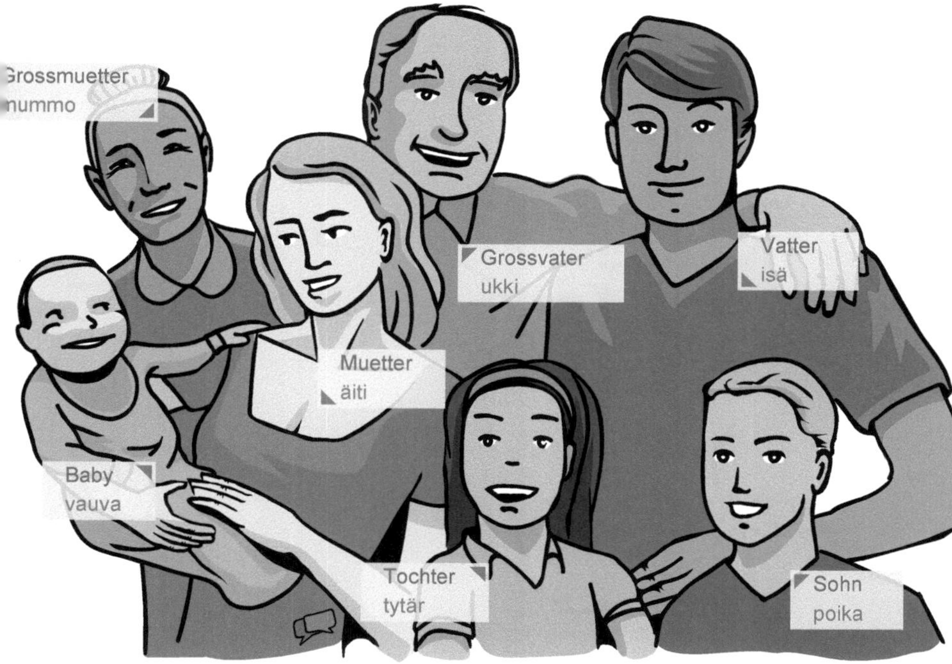

Grossmuetter
nummo
Grossvater
ukki
Vatter
isä
Muetter
äiti
Baby
vauva
Tochter
tytär
Sohn
poika

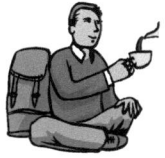

Gast

vieras

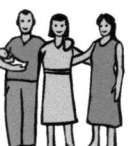

Tante

täti

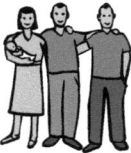

Unkel

setä

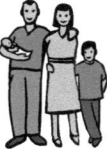

Brüeder

veli

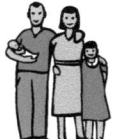

Schwöschter

sisko

Körpär

vartalo

Stirn
otsa
Aug
silmä
Schultere
olkapää
Fingär
sormet
Gsicht
kasvot
Chüni
leuka
Hand
käsi
Bei
jalka
Bruscht
rinta
Arm
käsivarsi

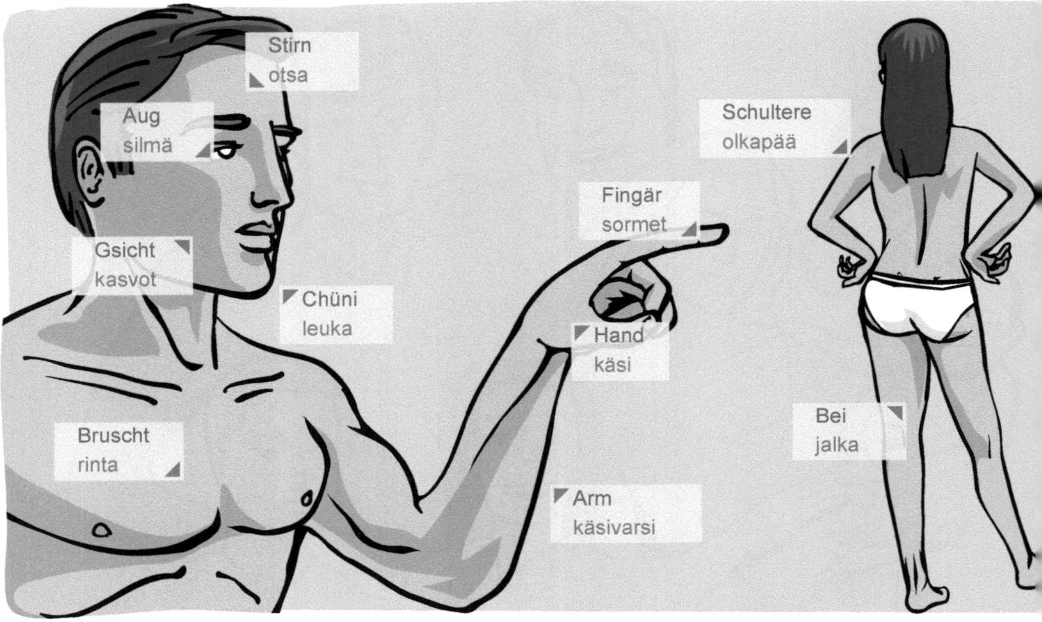

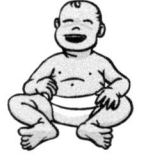

Baby

vauva

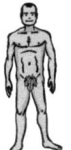

Mah

mies

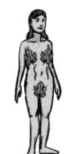

Frau

nainen

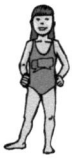

Meitli

tyttö

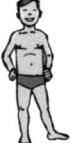

Bueb

poika

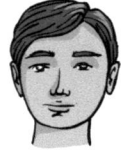

Chopf

pää

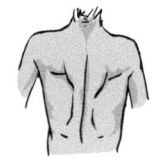

Ruggä

selkä

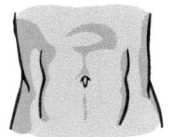

Buuch

maha

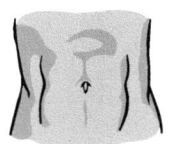

Buchnabel

napa

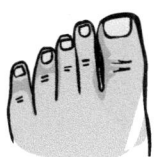

Zäche

varvas

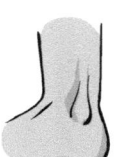

Fersä

kantapää

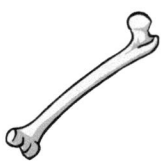

Knoche

luu

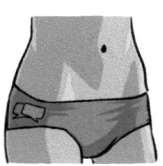

Hüfte

lantio

Chnü

polvi

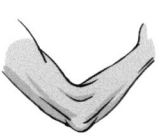

Ellbogä

kyynärpää

Nase

nenä

Füdli

takapuoli

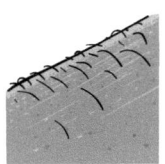

Hut

iho

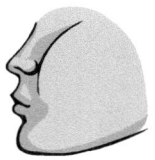

Bagge

poski

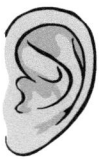

Ohr

korva

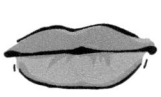

Lippe

huuli

Muul

suu

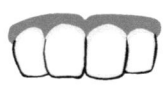

Zah

hammas

Zungä

kieli

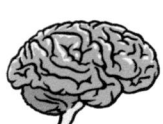

Hirni

aivot

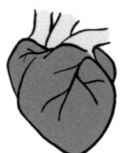

Härz

sydän

Muskel

lihas

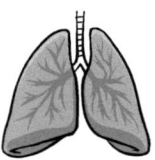

Lungä

keuhkot

Läberä

maksa

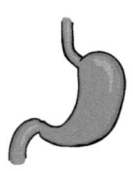

Magen

vatsa

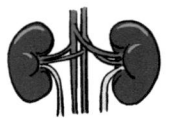

Nierä

munuaiset

Gschlächtsvrkehr

seksi

Kondom

kondomi

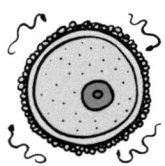

Eizälle

munasolu

Soome

sperma

Schwangerschaft

raskaus

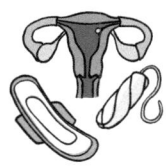

Menstruation

kuukautiset

Vagina

vagina

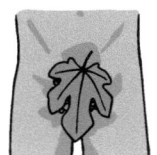

Penis

penis

Augebrauä

kulmakarvat

Haar

hiukset

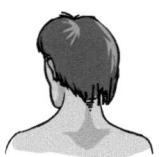

Hals

niska

Spital
sairaala

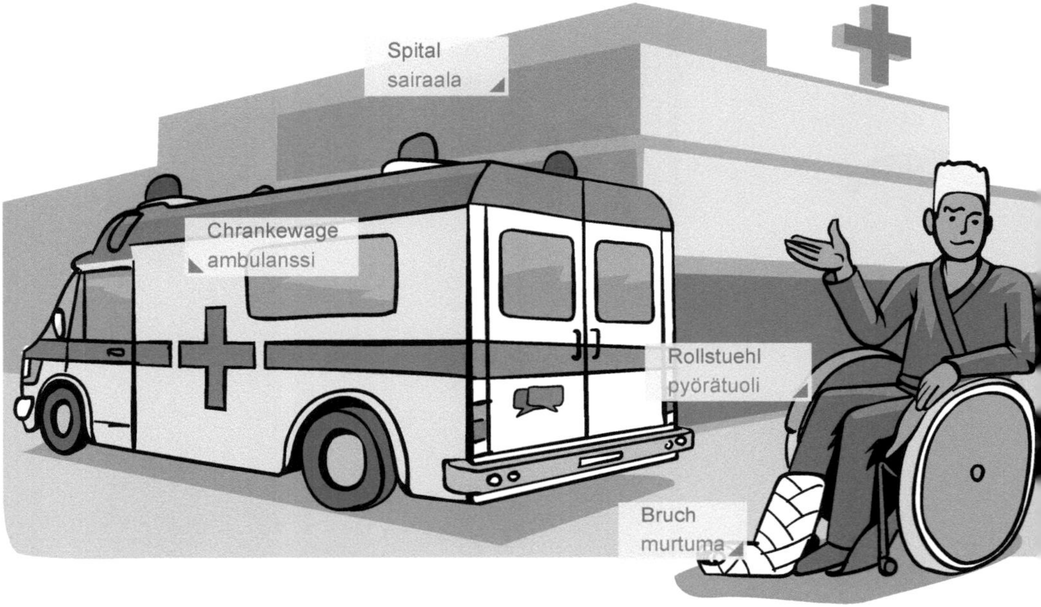

Spital
sairaala
Chrankewage
ambulanssi
Rollstuehl
pyörätuoli
Bruch
murtuma

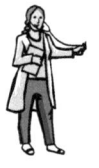

Arzt

lääkäri

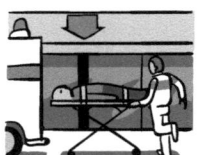

Notufnahm

ensiapu

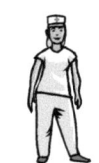

Chrankeschwöschter

sairaanhoitaja

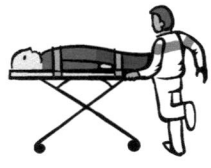

Notfall

hätätilanne

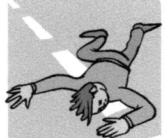

ohnmächtig

tajuton

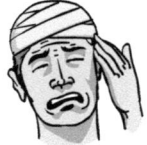

Schmärz

kipu

Verletzig

vamma

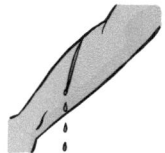

Bluätig

verenvuoto

Härzinfarkt

sydänkohtaus

Schlagahfall

aivoinfarkti

Allergie

allergia

Hueschtä

yskä

Fieber

kuume

Grippe

flunssa

Durchfall

ripuli

Kopfschmärze

päänsärky

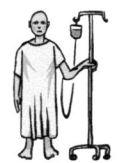

Kräbs

syöpä

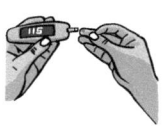

Diabetes

diabetes

Chirurg

kirurgi

Skalpell

veitsi

Operation

leikkaus

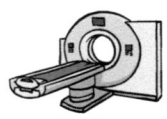

CT

ct

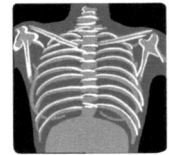

Röntgä

röntgen

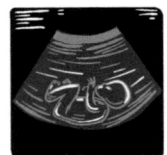

Ultraschall

ultraääni

Gsichtsmaske

maski

Krankhet

sairaus

Wartezimmer

odotushuone

Krückä

sauva

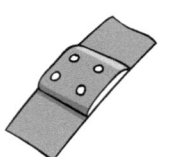

Pflaster

laastari

Vrband

side

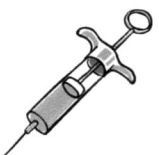

Injektion

pistos

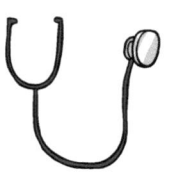

Stethoskop

stetoskooppi

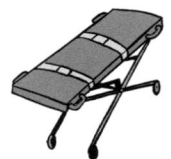

Trage

paarit

Thermometer

kuumemittari

Geburt

syntymä

Übergwicht

ylipaino

Hörgrät

kuulolaite

Desinfektionsmittel

desinfiointiaine

Infektion

infektio

Virus

virus

HIV / AIDS

HIV / AIDS

Medizin

lääke

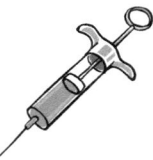

Impfig

rokotus

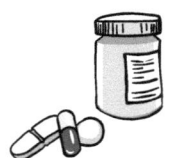

Tablette

tabletit

Pille

pilleri

Notruef

hätäpuhelu

Bluetdruck-Mässgrät

verenpainemittari

chrank / gsund

sairas / terve

Alarm

hälytys

Überfall

ryöstö

Ahgriff

hyökkäys

Hiufe!

Apua!

Gfohr

vaara

Notuusgang

hätäuloskäynti

Füür!

Tulipalo!

Füürlöscher

palosammutin

Unfall

onnettomuus

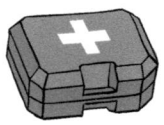

Ersti-Hilf-Koffer

ensiapulaukku

SOS

SOS

Polizei

poliisilaitos

Europa

Eurooppa

Nordamerika

Pohjois-Amerikka

Südamerika

Etelä-Amerikka

Afrika

Afrikka

Asie

Aasia

Auschtralie

Australia

Atlantik

Atlantin valtameri

Pazifik

Tyynimeri

Indische Ozean

Intian valtameri

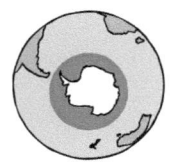

Antarktische Ozean

Eteläinen jäämeri

Arktische Ozean

Pohjoinen jäämeri

Nordpol

pohjoisnapa

Südpol
etelänapa

Antarktis
Antarktis

Ärde
maa

Land
maa

Meer
meri

Inslä
saari

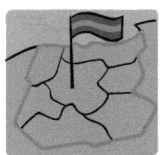

Nation
kansa

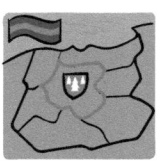

Staat
osavaltio

Ärde - maa

Ziffereblatt

kellotaulu

Stundezeiger

tuntiviisari

Minutezeiger

minuuttiviisari

Sekundezeiger

sekuntiviisari

Wie spaht isch es?

Paljonko kello on?

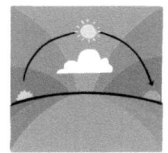

Tag

päivä

Zit

aika

jetzt

nyt

Digitaluhr

digitaalikello

Minute

minuutti

Stunde

tunti

Wuche
viikko

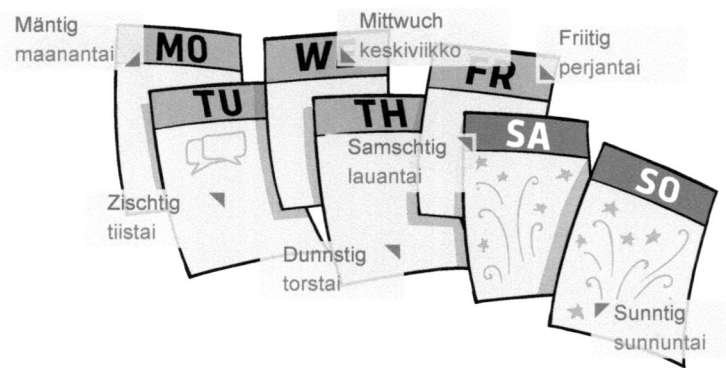

Mäntig / maanantai
Mittwuch / keskiviikko
Friitig / perjantai
Zischtig / tiistai
Samschtig / lauantai
Dunnstig / torstai
Sunntig / sunnuntai

geschter

eilen

hüt

tänään

morn

huomenna

Morgä

aamu

Mittag

keskipäivä

Aabig

ilta

Wärktag

työpäivät

Wuchenänd

viikonloppu

Johr
vuosi

Räge
sade
Rägeboge
sateenkaari
Wind
tuuli
Schnee
lumi
Früelig
kevät
Herbscht
syksy
Summer
kesä
Winter
talvi

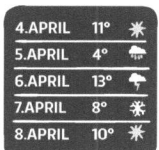

4.APRIL 11°
5.APRIL 4°
6.APRIL 13°
7.APRIL 8°
8.APRIL 10°

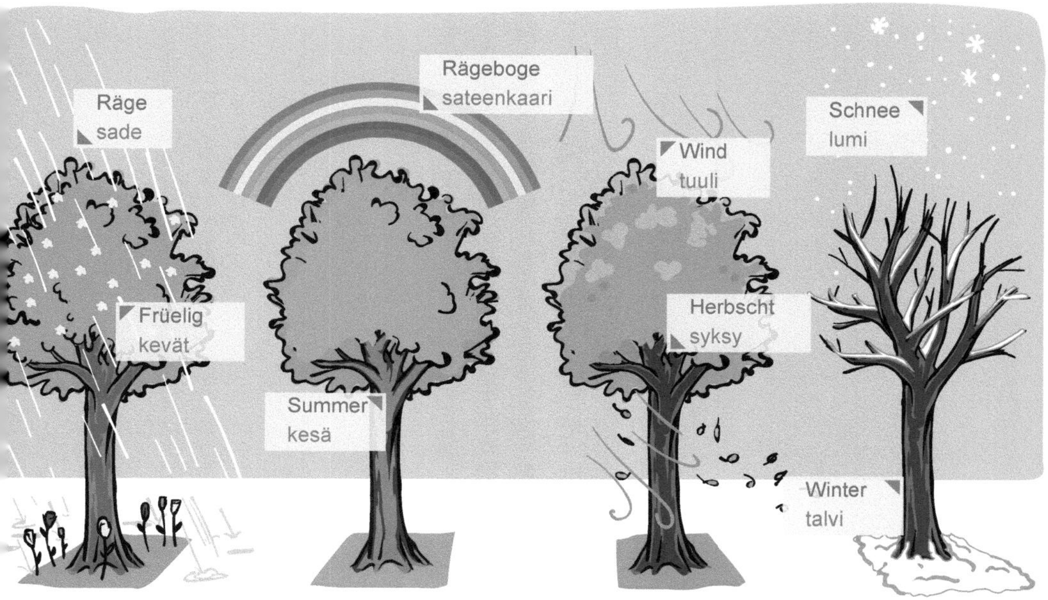

Wättervorhärsag

sääennuste

Thermometer

lämpömittari

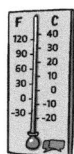

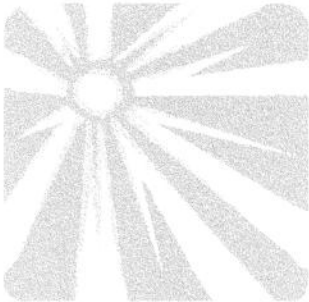

Sunneschiin

auringonpaiste

Wolkä

pilvi

Näbel

sumu

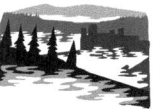

Fiechtigkeit

ilmankosteus

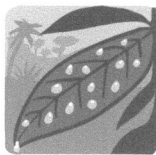

Blitz

salama

Dunner

ukkonen

Sturm

myrsky

Hagel

rae

Monsun

monsuuni

Fluet

tulva

Iis

jää

Januar

tammikuu

Februar

helmikuu

März

maaliskuu

April

huhtikuu

Mai

toukokuu

Juni

kesäkuu

Juli

heinäkuu

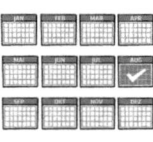

Auguscht

elokuu

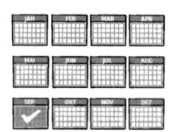

Septämber
....
syyskuu

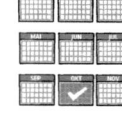

Oktober
....
lokakuu

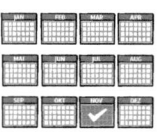

Novämber
....
marraskuu

Dezämber
....
joulukuu

Forme
muodot

Kreis
....
ympyrä

Quadrat
....
neliö

Rächteck
....
suorakulmio

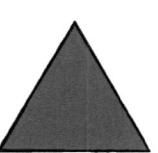

Dreieck
....
kolmio

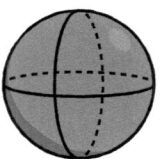

Chugele
....
pallo

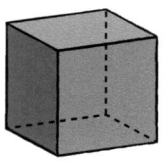

Würfel
....
kuutio

wiss

valkoinen

gäl

keltainen

orange

oranssi

pink

vaaleanpunainen

rot

punainen

liila

violetti

blau

sininen

grüen

vihreä

bruun

ruskea

grau

harmaa

schwarz

musta

viel / wenig

paljon / vähän

hässig / ruhig

vihainen / ystävällinen

hübsch / hässlich

kaunis / ruma

Ahfang / Ändi

alku / loppu

gross / chli

suuri / pieni

hell / dunkel

vaalea / tumma

Brüeder / Schwöschter

veli / sisko

suuber / dräckig

puhdas / likainen

vollständig / unvollständig

täydellinen / epätäydellinen

Tag / Nacht

päivä / yö

tot / läbig

kuollut / elävä

breit / schmal

leveä / kapea

ässbar / nid ässbar

syötävä / syömäkelvoton

bös / fründlich

paha / kiltti

uffreggt / glangwilt

innostunut / tylsistynyt

dick / dünn

lihava / laiha

zerscht / zletscht

ensimmäinen / viimeinen

Fründ / Find

ystävä / vihollinen

voll / läär

täysi / tyhjä

hart / weich

kova / pehmeä

schwer / liecht

painava / kevyt

Hunger / Durscht

nälkä / jano

chrank / gsund

sairas / terve

illegal / legal

laiton / laillinen

intelligänt / gatz

älykäs / tyhmä

links / rächts

vasen / oikea

nöch / wiit weg

lähellä / kaukana

neu / bruucht
....
uusi / käytetty

nüt / öpis
....
ei mitään / jotain

alt / jung
....
vanha / nuori

ah / uss
....
päällä / pois päältä

offe / zue
....
auki / kiinni

lislig / luut
....
hiljainen / äänekäs

riich / arm
....
rikas / köyhä

richtig / falsch
....
oikein / väärin

rau / glatt
....
karhea / sileä

truurig / glücklich
....
surullinen / iloinen

churz / lang
....
lyhyt / pitkä

langsam / schnäll
....
hidas / nopea

nass / trochä
....
märkä / kuiva

warm / chalt
....
lämmin / viileä

Chrieg / Friede
....
sota / rauha

0	1	2
Null	eis	zwei
nolla	yksi	kaksi

3	4	5
drü	vier	foif
kolme	neljä	viisi

6	7	8
sächs	sibe	acht
kuusi	seitsemän	kahdeksan

9	10	11
nün	zäh	elf
yhdeksän	kymmenen	yksitoista

12

zwölf

kaksitoista

13

drizäh

kolmetoista

14

vierzäh

neljätoista

15

füfzäh

viisitoista

16

sächzäh

kuusitoista

17

siebzäh

seitsemäntoista

18

achtzäh

kahdeksantoista

19

nünzäh

yhdeksäntoista

20

zwänzg

kaksikymmentä

100

Hundert

sata

1.000

Tuusig

tuhat

1.000.000

Million

miljoona

Änglisch

englanti

Amerikanischs Änglisch

amerikanenglanti

Chinesisch Mandarin

mandariinikiina

Hindi

hindi

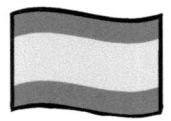

Spanisch

espanja

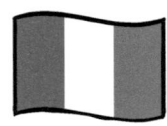

Französisch

ranska

Arabisch

arabia

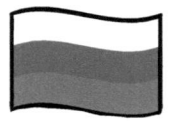

Russisch

venäjä

Portugiesisch

portugali

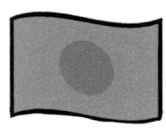

Bengalisch

bengali

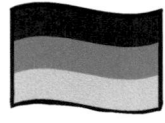

Dütsch

saksa

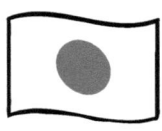

Japanisch

japani

ich
minä

du
sinä

är / sie / es
hän

mir
me

ihr
te

sie
he

wär?
kuka?

was?
mitä / mikä?

wie?
miten?

wo?
missä?

wänn?
milloin?

Name
nimi

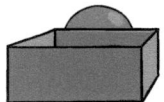

hinder

takana

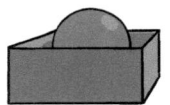

in

sisällä

vor

edessä

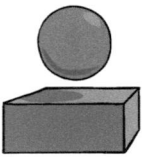

über

yläpuolella

uf

päällä

under

alapuolella

näbe

vieressä

zwüsche

välissä

Ort

paikka